Los Estatutos del Hombre

Diseño: S|L estudio

© 1964, Thiago de Mello

© 2001 by Vergara & Riba Editoras

Argentina: Arenales 1239 PB 3,
(C1061AAK) Buenos Aires
Tel/Fax: (54-11) 4816-3791
e-mail: editoras@vergarariba.com.ar

México: Galileo 100, Colonia Polanco,
México D.F. (11560)
Tel/Fax: (52) 5220-6620/21
e-mail: editoras@vergarariba.com.mx

ISBN 987-9338-16-2

Fotocromía: DTP Ediciones,
Buenos Aires, Argentina

Impreso por Gráfica Melhoramentos

Printed in Brazil
Noviembre de 2001

Los Estatutos del Hombre

Thiago de Mello
con la traducción de
Pablo Neruda

PINTURAS DE DAFNI AMECKE TZITZIVAKOS

La vida del poema

Los Estatutos del Hombre fueron escritos por el poeta brasilero Thiago de Mello en abril de 1964, cuando era agregado cultural de la embajada de Brasil en Chile.

Poco después, Pablo Neruda –uno de los poetas más grandes del siglo XX y amigo personal de Thiago de Mello– profundamente conmovido por los *Estatutos*, los tradujo de la única, maravillosa manera en que un poeta es capaz de escribir: convirtiendo esa traducción en una obra de arte.

El poema *Los Estatutos del Hombre* pronto se consagró como uno de los más famosos de la literatura brasilera. Desde entonces, ha viajado por todas partes del mundo en libros, posters, discos y cassetes. Declamado en auditorios, teatros y plazas, argumento de un ballet y musicalizado, ha conmovido e inspirado a millones de personas.

Estos *Estatutos* forman parte del libro de Thiago de Mello *Está oscuro pero yo canto*.
Hoy el mundo vuelve a estar dolorosamente oscuro. Y un temible peligro nos amenaza en estos tiempos difíciles, un peligro mucho más relacionado con lo espiritual que con lo físico: la desesperanza. La temible sensación de que nada vale la pena, de que no hay futuro para el hombre.

Por esto, las palabras con que el poeta definió su obra en aquellos días se hacen más actuales que nunca:

"La poesía es un arma contra las fuerzas oscuras, contra el imperio de la injusticia, de la arbitrariedad y del terrorismo..."

Este poema es una afirmación de los valores eternos del hombre, de la fe en el mañana, de la alegría, de la vocación por la paz...

Con orgullo presentamos la primera edición bilingüe en castellano y portugués de los *Estatutos*: una auténtica celebración de la vida. Thiago de Mello recuerda que, cuando aparecieron los *Estatutos*, un escritor muy apreciado por él expresó un solo reparo ante su lectura: el poema le parecía "demasiado utópico".

A comienzos de este siglo XXI, casi cuarenta años después, el poeta dice:

"En aquel entonces, aproveché para afirmar lo que ahora reafirmo con mayor vigor: creo ardientemente en la utopía y, por ventura, mis versos son nada más que la expresión poética de mi convicción de que, a pesar de todas las ferocidades que se cometen en este reino de los hombres, es posible, sí, la construcción de una sociedad humana solidaria."

Desde que Thiago llegó a Chile

Desde que Thiago llegó a Chile se produjeron varias alteraciones territoriales dignas de tomarse en cuenta. El llamado viento puelche cambió invisiblemente de rumbo y formó figuras romboidales en la Cordillera. El pulso del país se recobró como si despertara de una letárgica tristeza. También se observó en la arena de Isla Negra un precipitado calcáreo a la vez transparente y sonoro. Podemos atribuir estas variaciones a la influencia de Thiago de Mello en nuestras almas. A la vez, nuestras almas hacen cambiar el paisaje.

Thiago de Mello es un transformador del alma. De cerca o de lejos, de frente o de perfil, por contacto o transparencia, Thiago ha cambiado nuestras vidas, nos ha dado la seguridad de la alegría. El tiempo y Thiago de Mello trabajan en sentido contrario. El tiempo erosiona y continúa. Thiago de Mello nos aumenta, nos agrega, nos hace florear y luego se va, tiene otros quehaceres. El tiempo se adhiere a nuestra piel para gastarnos. Thiago pasa por nuestras almas para invitarnos a vivir.

En este poeta que nos envió como representante el Río Amazonas, canta el ancho Río Salvaje y la multitud de sus pájaros. Queremos los chilenos que siga cantando en nuestra patria.

Si este asilo te sirve, Thiago de Mello, aquí estamos tus amigos y hermanos para dártelo, aunque sin pedirnos permiso ya te asiló para siempre el corazón de nuestra bella Anamaría.

Yo voy andando por los mares a esta hora. Lejos pero no separado, distante pero infinitamente cerca. Cerca de mis compatriotas de siempre y de nuestro nuevo compatriota, el poeta Thiago de Mello.

Pablo Neruda
En el mar, marzo de 1965

Thiago recuerda a Neruda

Conocí personalmente a Pablo Neruda a comienzos de los años 60, luego de que su poesía enriqueciera mi vida por largo tiempo. Fue en ocasión del lanzamiento de mi libro de poemas *Viento general*. Nuestro común amigo, Jorge Amado, había ido a buscarlo al barco durante la escala que éste hacía en Brasil, rumbo a Francia.

Meses después yo viajé a Santiago de Chile como agregado cultural de la Embajada de Brasil.

Paulinho (siempre lo traté por este diminutivo cariñoso, adoptado poco a poco por sus íntimos chilenos) me recibió en su casa La Sebastiana, de Valparaíso.

Frecuentar la intimidad de Neruda y merecer la ternura de su amistad fue uno de los regalos más bellos que me dio la vida. Él creaba una atmósfera mágica a su alrededor. Durante cinco años, los fines de semana fueron sagrados en Valparaíso o en Isla Negra.

Neruda conservó toda la vida un don mágico de la infancia: le gustaba jugar. Sabía como nadie inventar alegría para agradar a sus amigos. Nació con el don de la amistad.

En esos encuentros, comíamos, bebíamos, conversábamos. ¿Nuestros temas? Todos los que florecen en la conversación de dos poetas que son amigos y que abrazan los mismos ideales y esperanzas, dotados de la alegría de vivir.

Fui su traductor. Y él, el mío. Es mía la traducción de la primera antología de sus poemas publicada en Brasil, en el 62, con prefacio suyo. Él tradujo numerosos poemas míos... Pero ninguna emoción fue tan intensa como la que sentí cuando me entregó, manuscrita con su fiel tinta verde, la traducción de *Los Estatutos de Hombre*, después de recitarla, frente al Pacífico, en el momento de un brindis.

Son tantas las bellas memorias que conservo de nuestra convivencia. Tan pocas las que no guardan el gusto de la alegría.
No puedo dejar de recordar que, al fin de cada comida, Neruda exigía que recitásemos poemas en coro y que después cantásemos canciones populares. Siempre las mismas. De vez en cuando, caminando por la floresta, evoco y canto solo, en voz alta, nuestra canción preferida: "Soy marinero/ me gusta el mar".

Existe un momento de aquella época que recordaré hasta el fin de mi vida, porque se encuentra impregnado de la generosidad y de la grandeza de la condición humana.
Era el año 1962. El poeta Pablo Neruda ofrecía un recital para mineros del carbón de la mina de Lota, en Concepción. Los trabajadores lo escuchaban inmóviles y silenciosos, fascinados por las palabras que le salían de la boca como pájaros, con manos compañeras, estandartes de luz. Y yo pude ver, entonces, en el rostro solemne de un viejo minero, el brillo estrellado de una lágrima, que se deslizaba cantando.

Thiago de Mello
Amazonas, octubre de 2001

Artigo / Artículo
1

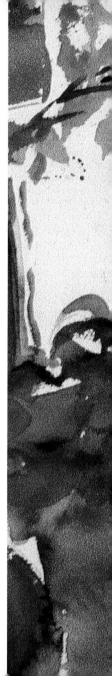

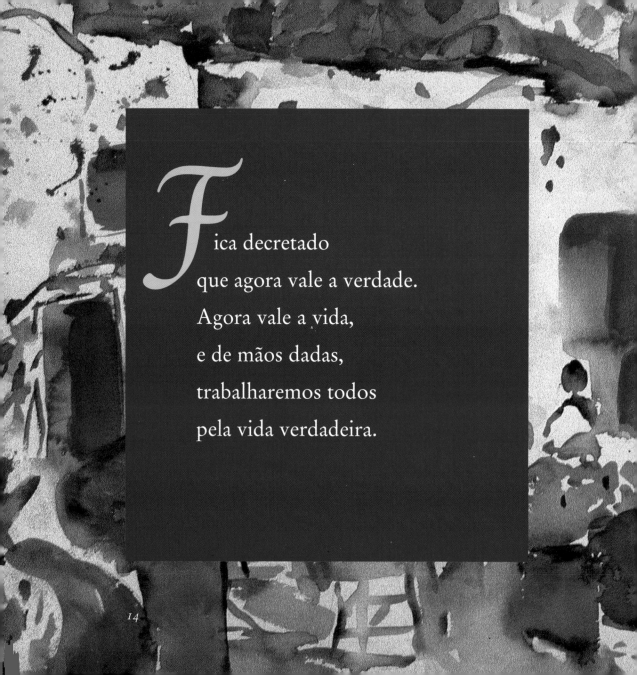

Fica decretado
que agora vale a verdade.
Agora vale a vida,
e de mãos dadas,
trabalharemos todos
pela vida verdadeira.

Queda decretado
que ahora vale la vida,
que ahora vale la verdad,
y que de manos dadas
trabajaremos todos
por la vida verdadera.

Artigo / Artículo
2

Fica decretado
que todos os dias da semana,
inclusive as terças-feiras
mais cinzentas, têm direito
a converter-se em manhãs
de domingo.

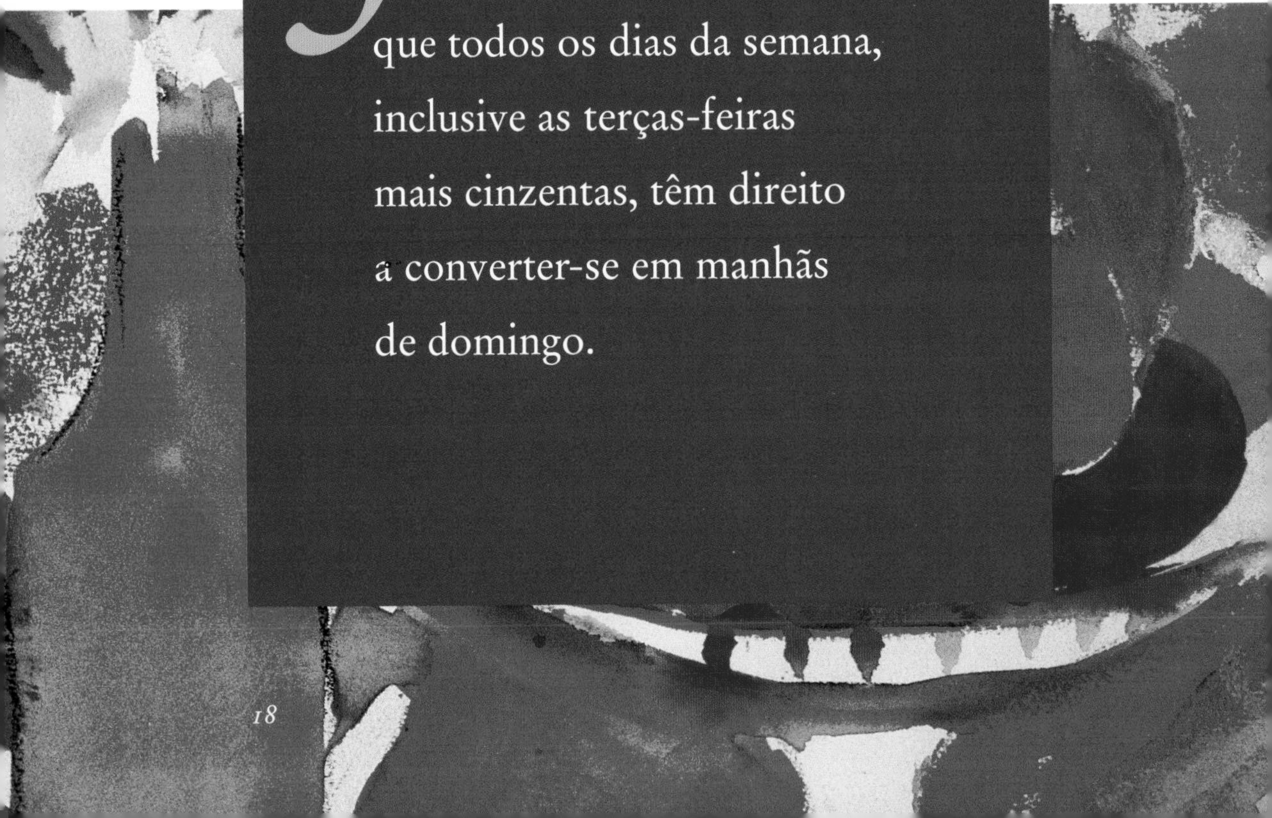

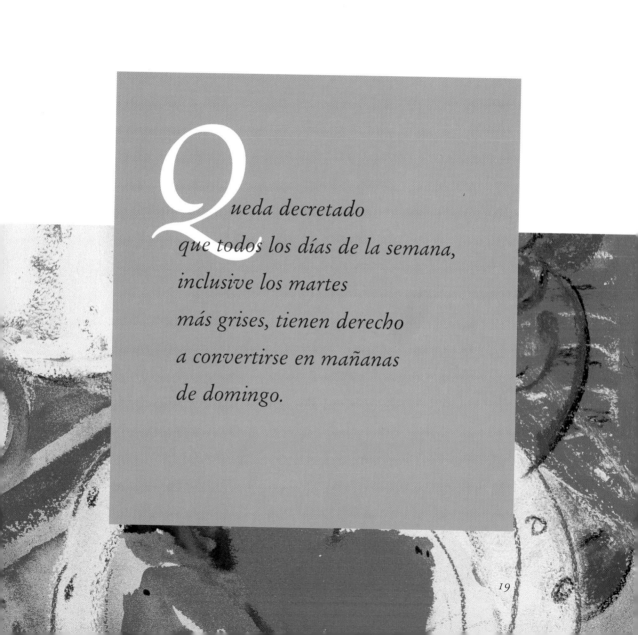

Q ueda decretado
que todos los días de la semana,
inclusive los martes
más grises, tienen derecho
a convertirse en mañanas
de domingo.

Artigo / Artículo

3

onde
cresce a
esperança

Fica decretado que,

a partir deste instante,

haverá girassóis em todas as janelas,

que os girassóis terão direito

a abrir-se dentro da sombra.

e que as janelas devem permanecer,

o dia inteiro, abertas para o verde

onde cresce a esperança.

Queda decretado que,
a partir de este instante,
habrá girasoles en todas las ventanas,
que los girasoles tendrán derecho
a abrirse dentro de la sombra;
y que las ventanas deben permanecer
el día entero abiertas para el verde
donde crece la esperanza.

Artigo / Artículo
4

Fica decretado que o homem
não precisará nunca mais
duvidar do homem.
Que o homem confiará no homem
como a palmeira confia no vento,
como o vento confia no ar,
como o ar confia no campo azul
do céu.

O homem confiará no homem como
um menino confia em outro menino.

Queda decretado que el hombre
no precisará nunca más
dudar del hombre.
Que el hombre confiará en el hombre
como la palmera confía en el viento,
como el viento confía en el aire,
como el aire confía en el campo azul
del cielo.

El hombre confiará en el hombre
como un niño confía en otro niño.

a verdade
passará
a ser
servida

Artigo / Artículo
5

Fica decretado que os homens
estão livres do jugo da mentira.
Nunca mais será preciso usar
a couraça do silêncio
nem a armadura de palavras.
O homem se sentará à mesa
com seu olhar limpo
porque a verdade passará a ser servida
antes da sobremesa.

Queda decretado que los hombres
están libres del yugo de la mentira.
Nunca más será preciso usar
la coraza del silencio
ni la armadura de las palabras.
El hombre se sentará a la mesa
con la mirada limpia
porque la verdad pasará a ser servida
antes del postre.

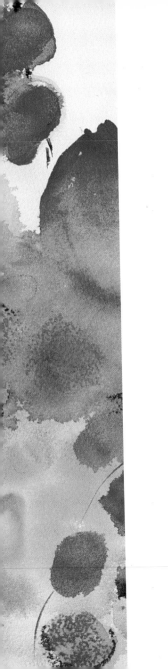
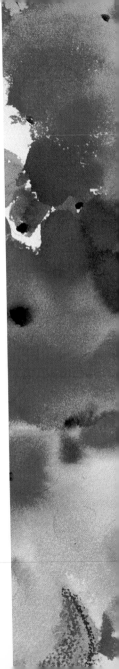

Artigo / Artículo
6

tendrá

gusto a

aurora

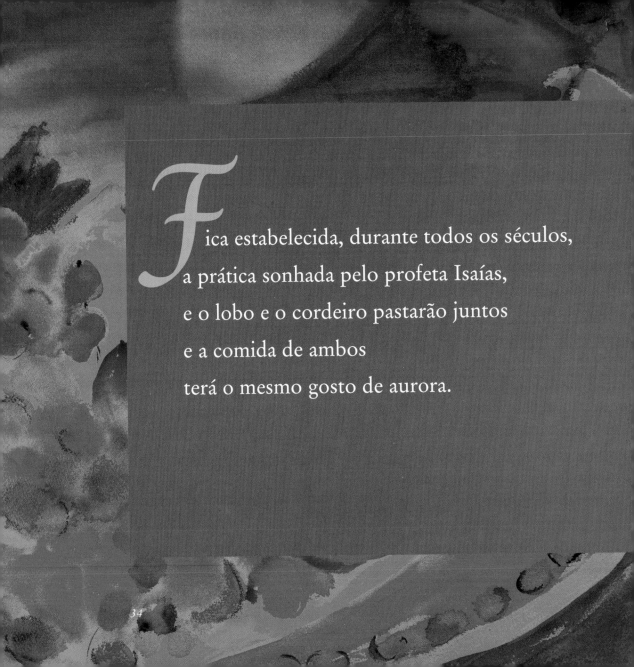

Fica estabelecida, durante todos os séculos,
a prática sonhada pelo profeta Isaías,
e o lobo e o cordeiro pastarão juntos
e a comida de ambos
terá o mesmo gosto de aurora.

Queda establecida,
durante diez siglos,
la práctica soñada por el profeta Isaías,
y el lobo y el cordero pastarán juntos
y la comida de ambos
tendrá el mismo gusto a aurora.

Artigo / Artículo
7

*P*or decreto irrevogável

fica estabelecido o reinado permanente

da justiça e da claridade,

e a alegria será uma bandeira generosa

para sempre desfraldada

na alma do povo.

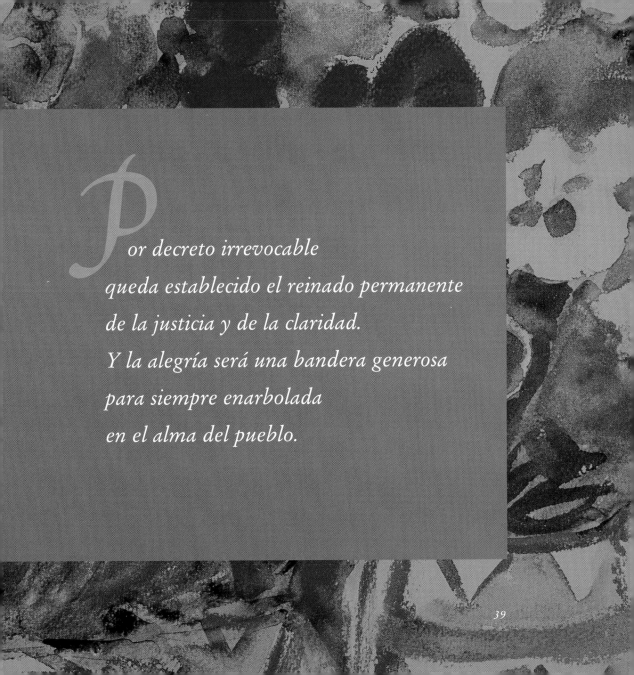

*P*or decreto irrevocable
queda establecido el reinado permanente
de la justicia y de la claridad.
Y la alegría será una bandera generosa
para siempre enarbolada
en el alma del pueblo.

39

Artigo / Artículo
8

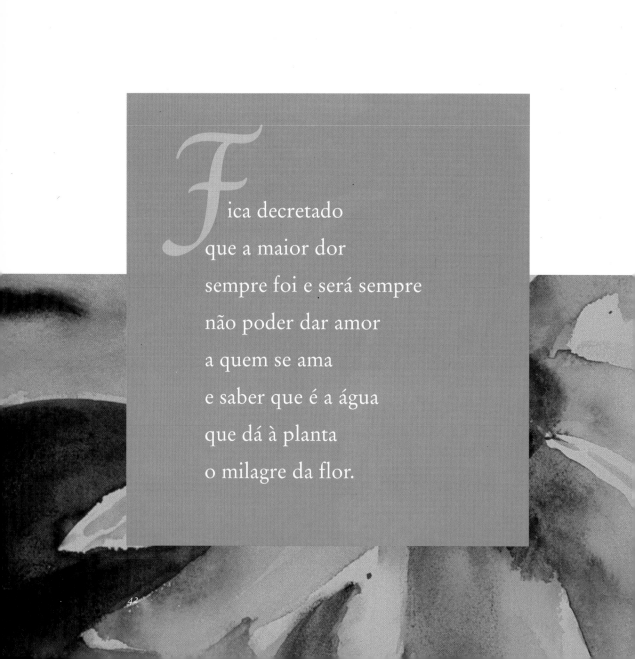

*F*ica decretado
que a maior dor
sempre foi e será sempre
não poder dar amor
a quem se ama
e saber que é a água
que dá à planta
o milagre da flor.

*Q*ueda decretado

que el mayor dolor

siempre fue y será siempre

no poder dar amor

a quien se ama,

sabiendo que es el agua

quien da a la planta

el milagro de la flor.

o quente
sabor da
ternura

Artigo / Artículo
9

*F*ica permitido

que o pão de cada dia

tenha no homem

o sinal de seu suor.

Mas que sobretudo

tenha sempre

o quente sabor

da ternura.

Queda permitido
que el pan de cada día
tenga en el hombre
la señal de su sudor.
Pero que sobre todo
tenga siempre
el caliente sabor
de la ternura.

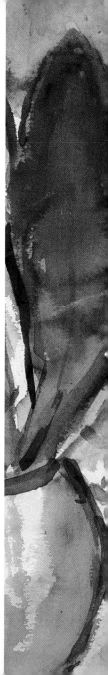

Artigo / Artículo
10

Fica permitido
a qualquer pessoa,
a qualquer hora da vida,
o uso do traje branco.

*Q*ueda permitido

a cualquier persona

a cualquier hora de la vida,

el uso del traje blanco.

a estrela da manhã

Artigo / Artículo
11

Fica decretado,
por definição,
que o homem
é um animal que ama
e que por isso é belo,
muito mais belo
que a estrela da manhã.

Queda decretado,

por definición,

que el hombre

es un animal que ama

y que por eso es bello,

mucho más bello

que la estrella de la mañana.

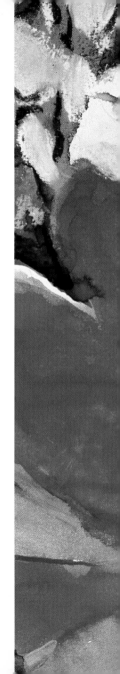

Artigo / Artículo
12

Decreta-se que nada
será obrigado nem proibido.
Tudo será permitido,
inclusive brincar com os rinocerontes
e caminhar pelas tardes
com uma imensa begônia na lapela.

Só uma coisa fica proibida:
amar sem amor.

Decrétase que nada
estará obligado ni prohibido.
Todo será permitido,
inclusive jugar con los rinocerontes
y caminar por las tardes
con una inmensa begonia en la solapa.

Sólo una cosa queda prohibida:
amar sin amor.

o direito

de

cantar

Artigo / Artículo
13

Fica decretado que o dinheiro

não poderá nunca mais comprar o sol

das manhãs vindouras.

Expulso do grande baú do medo,

o dinheiro se transformará

em uma espada fraternal

para defender o direito de cantar

e a festa do dia que chegou.

Queda decretado que el dinero
no podrá nunca más comprar el sol
de las mañanas venideras.
Expulsado del gran bául del miedo,
el dinero se transformará
en una espada fraternal
para defender el derecho de cantar
y la fiesta del día que llegó.

Artigo final / Artículo final

Fica proibido
o uso da palavra liberdade,
a qual será suprimida dos dicionários
e do pântano enganoso das bocas.
A partir deste instante
a liberdade será algo vivo e transparente
como um fogo ou um rio,
ou como a semente do trigo
e a sua morada será sempre
o coração do homem.

Queda prohibido
el uso de la palabra libertad,
la cual será suprimida de los diccionarios
y del pantano engañoso de las bocas.
A partir de este instante
la libertad será algo vivo y transparente,
como un fuego o un río,
o como la semilla del trigo
y su morada será siempre
el corazón del hombre.

Sobre a pintora:

DAFNI AMECKE-TZITZIVAKOS nasceu na ilha de Lemmos, na Grécia. Começou a pintar depois de exercer durante vários anos sua profissão de química na Alemanha.
Decididamente consagrada à pintura, suas aquarelas e acrílicos têm sido muito elogiados pela crítica e pelo público da Europa. As cores brilhantes, a luz e os contornos insinuados expressam seu amor pela natureza e por sua terra natal e transmitem uma força vital, como a mais pura poesia.

Suas pinturas ilustraram o livro *Presente de um poeta* de Pablo Neruda, publicado por esta mesma editora.

Acerca de la pintora:

DAFNI AMECKE-TZITZIVAKOS nació en la isla de Lemnos en Grecia. Comenzó a pintar después de ejercer varios años su profesión de química en Alemania. Decididamente consagrada a la pintura, sus acuarelas y acrílicos han sido elogiados por el público y la crítica en varios países de Europa. Los colores brillantes, la luz y los contornos insinuados expresan su amor por la naturaleza y por su tierra natal y transmiten una fuerza vital, como la más pura poesía.

Sus pinturas ilustraron el libro *Regalo de un poeta* de Pablo Neruda, publicado por esta editorial.

Coleção "O melhor dos melhores"

Paulo Coelho: Palavras essenciais

Richard Bach: Mensagens para sempre

Pablo Neruda: Presente de um poeta

Um brinde à vida

Colección "Lo mejor de los mejores"

Paulo Coelho: Palabras esenciales

Richard Bach: Mensajens para siempre

Pablo Neruda: Regalo de un poeta

Mario Benedetti: Acordes cotidianos

Un brindis por la vida

Un brindis por los amigos